10歲開始自己讀
哲學名言
課本之外的26個人生思考題

作者 岩村太郎（日本惠泉女學園大學教授）
翻譯 伊之文

前言

多蓋一些「內心裡的小房間」吧！

從古至今，有許多哲學家在思考這個世界和人類的事，有些到現在還沒有找到答案，有些在探究真理，有些則是要拯救人心……但是，世界太大了，還有很多謎團沒有解開。

如果你從小就開始思考哲學問題，心靈會變得很堅強喔！當你變堅強了，自然就懂得替別人設想。為了讓你成長，這是一件很重要的事。

思考能夠提升一個人的潛力，讓你成為一個成熟的大人，培養活在現代社會的力量。

每當你有了新的發現或信念，你的內心裡就會蓋起一個個「小小的房間」，這叫做「心靈房間」。

在那些你小時候曾經深信不疑的事物中，後來發現有一些被科學否定了，例如聖誕老人、魔法師、妖精和妖怪等，然而這些事物現在還是以看不見的形式住在你的「心靈房間」裡喔！在你長大後，也會一直存在於你的內心裡，讓你的人生更豐富。

你可能對學校生活和人際關係有一些疑問和煩惱，可是又不敢告訴老師、家人和朋友。就讓我們透過哲學家的名言，一起來思考這些疑問吧！

透過哲學的角度，你將會看見以前沒有發現的新世界。

我希望今後你可以認識更多的事物，在心裡蓋起許許多多的「心靈房間」，並且成為一個心靈富足、堅定又有魅力的人。

——日本惠泉女學園大學教授　岩村太郎

目次

第1章 關於「自己」的哲學名言

第2章 關於「朋友」的哲學名言

第3章 關於「善惡」的哲學名言

第4章 關於「生活」的哲學名言

第5章 關於「生命」的哲學名言

認識哲學家

以下在本書中出現的這幾位人物，是特別有名並且在探討哲學這方面很重要的哲學家。

泰利斯（西元前624年前後～前546年前後）

他是希臘七賢之一，也有人叫他「米利都的泰利斯」，亞里斯多德稱他為「哲學之父」。雖然他並沒有留下著作，但有一句名言是「萬物的起源是水」。

哲學家金句

「了解自己最困難，給人忠告最容易。」（➡P17）

蘇格拉底（西元前470年前後～前399年）

阿波羅神殿的女祭司說：「沒有比蘇格拉底更聰明的智者了。」他是一個探究「自己是誰」的哲學家，名言是「認識你自己」。他有很多學生，柏拉圖也是其中一人。被判死刑的時候，他說：「惡法亦法。」拒絕逃獄，喝下毒藥而死。

哲學家金句

「無知之知。」（➡P13）
「不只要活，還要善良的活。」（➡P41）

希波克拉底（西元前460年前後～前375年前後）

他讓科學和醫學有了重大發展，對西洋醫學帶來很大的影響，被尊稱為「醫學之父」。「希波克拉底誓詞」是和醫師倫理有關的宣誓文，傳承到了現代。

哲學家金句

「心在大腦。」（➡P63內文）

柏拉圖（西元前427～前347年）

柏拉圖是蘇格拉底的學生，也是一位為西洋哲學帶來巨大影響的哲學家。他認為人的靈魂從前在天上俯瞰著觀念世界，但落入凡間之後忘記了大部分的事。他在雅典的郊外設立了「柏拉圖學院」（Akademie），英文的「Academy」（學院）一詞就是源自這裡。

哲學家金句

「人原本是『兩人一對』。」（➡P35）
「觀念世界。」（➡P55）、「靈魂不死。」（➡P69）

亞里斯多德（西元前384～前322年）

亞里斯多德17歲就進入柏拉圖學院就讀，當時的柏拉圖已經年滿60歲了。直到柏拉圖過世為止，亞里斯多德在柏拉圖學院努力向學20年左右。他被稱為「萬學之祖」，提倡「現實主義」的哲學。

哲學家金句

「人是政治的動物。」（➡P31）
「心靈在胸口（心臟）。」（➡P63內文）

法蘭西斯・培根（西元1561～1626年）

培根是英國的哲學家兼政治家，他認為知識和理性全都是透過經驗產生的，是「英國經驗論」的始祖。他提出根據經驗來推導答案的方法叫做「歸納法」。

哲學家金句

「知識就是力量。」（➡P49）
「破除偶像。」（➡P53）

笛卡兒（西元1596～1650年）

笛卡兒是法國的哲學家與自然科學家，被世人稱為「近代哲學之父」。他認為人原本就有「先天觀念」這種與生俱來的知識，他所主張的「歐陸理性主義」，剛好和法蘭西斯・培根的「英國經驗論」彼此對立。

哲學家金句

「我思故我在。」（➡P63）

馬丁・布伯（西元1878～1965年）

布伯是猶太裔宗教哲學家，「對話的哲學」是他最大的特色。他重視人與人之間的精神連結，認為透過自己和別人對話能夠拓展世界。

哲學家金句

「我與你。」（➡P27）
「人是關係的存在。」（➡P33）

第 1 章

關於「自己」的哲學名言

Q 我很不會念書，怎麼辦？

A 因為知道自己有所不懂，你才能向前邁進。

哲學家金句

蘇格拉底（西元前470年前後～前399年）

「無知之知。」

蘇格拉底曾說過一句哲學名言：「無知之知。」意思是知道自己不知道。

有一天，蘇格拉底向認識的智者們詢問善和正義的意思，智者們都回答：「我當然知道答案啊……」但是，當蘇格拉底繼續與他們反覆辯論，想要進行更深奧的問答時，就沒有人回答得出來了。

於是，蘇格拉底發現，那種「以為自己都懂，但其實根本不懂」的人非常多。

像這種「明明什麼都不懂，卻以為自己懂」的人，是無法進步的。相較之下，能夠明白到「自己什麼都不懂」的人，才是真的有智慧吧？這就是蘇格拉底最後得出的結論。

當你知道「自己很不會念書」，就表示你已經明白不足之處在哪裡，反而有一個能夠重新向前邁進的起點。正因為你知道自己不會，所以才有可以努力的方向，「無知之知」是很了不起的事喔！

Q

我覺得自己比不上別人，怎麼辦？

A

如果能反過來利用自卑感的話，就可以產生奮發向上的心。

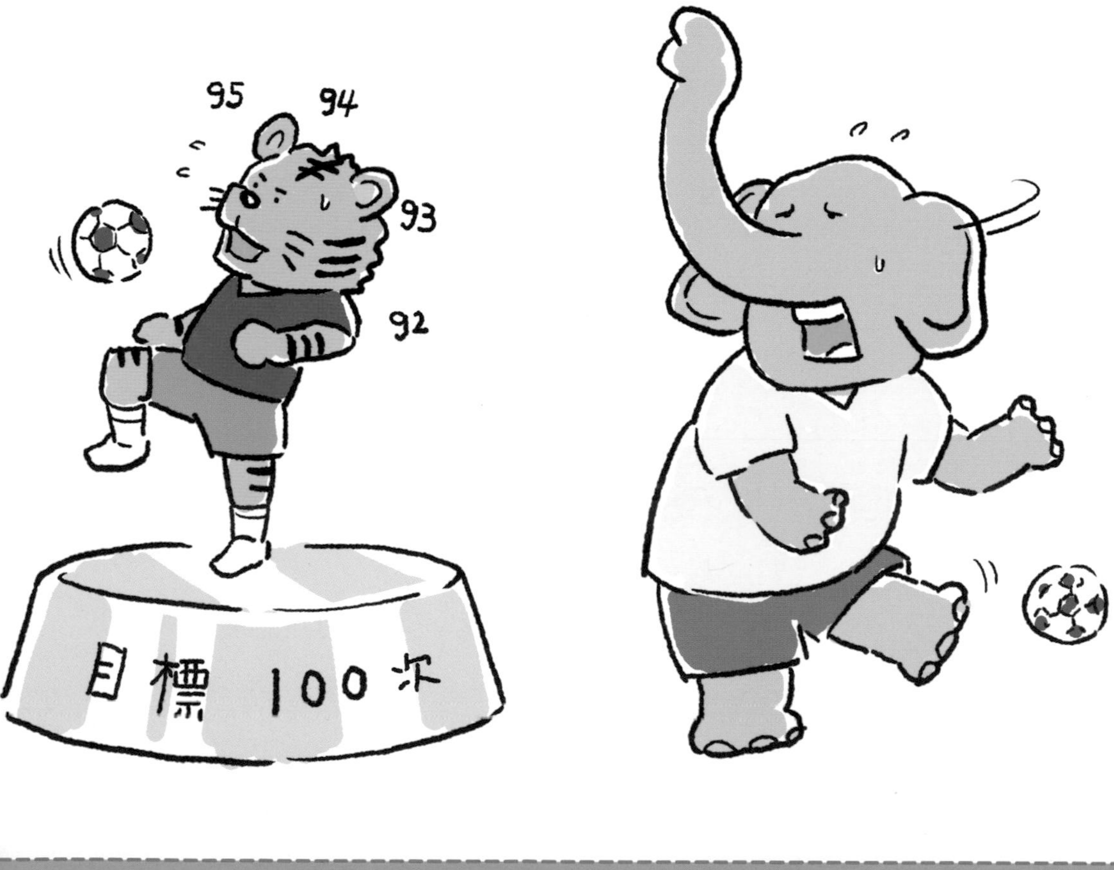

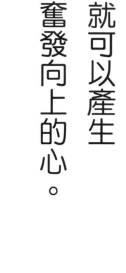

哲學家金句

阿德勒（西元1870～1937年）

「要和自卑感當朋友。」

阿德勒是精神科醫師也是心理學家，他曾說：「要和自卑感當朋友。」這是因為自卑感是每個人都會有的情緒，只要好好運用，就能讓自己奮發向上。

然而，有一種自卑感是不好的，那就是和「別人」比較所產生的自卑感。

拿自己和別人比較，像是「我足球踢得比他爛」這種想法並不是好事喔！因為即使你努力練習，成功超越了那個人，你還是會忍不住再和另一個人比較。

所以，戒掉和別人比較的壞習慣，這是一件很重要的事。要是一直抱持著這種不好的自卑感，會讓你的想法變得很卑微。

好的自卑感，是和「理想中的自己」做比較。只要你有「目標」，能夠冷靜的看待現在的自己，知道自己向目標前進了多少，抱持著這種態度來努力，就連原本不擅長的事情，也一定會進步喔！

Q 為什麼我沒辦法好好用自己的話表達？

A

你越了解自己，你就越能夠用自己的話表達。

哲學家金句

泰利斯（西元前624年前後～前546年前後）

「了解自己最困難，給人忠告最容易。」

看到別人口若懸河發表意見，是不是覺得他看起來很聰明又帥氣呢？不過，你還是要仔細聽清楚他說的內容再做判斷比較好喔！

希臘七賢之一的哲學家泰利斯說：「了解自己最困難，給人忠告最容易。」這是因為要去批評別人或是給別人忠告，說起來很簡單，好像每個人都能辦到，對吧？但是，如果只是自己一味的說，等於是強迫別人接受自己的意見，並不是真正表達自我。

如果你正在煩惱不知道如何用自己的話來表達，是因為你並不了解自己，你不知道自己有什麼話想說。

所以，想要學會用自己的話表達想法，你需要先了解自己。

可以先仔細想一想自己是什麼樣的人，想想「我」的優點是什麼？缺點又是什麼？只要你繼續思考各種答案，漸漸的，你自然就能夠運用自己的話來表達了。

Q 怎麼樣才能變漂亮？

A

有「格調」才是真正的美喔！

哲學家金句

伯里克里斯（西元前495年前後～前429年）

「我們愛美，但不失簡樸；我們愛好智慧，但不陷於軟弱。」

古代雅典的政治家兼哲學家伯里克里斯，他曾經在演講的時候說：「我們愛美，但不失簡樸；我們愛好智慧，但不陷於軟弱。」這段話的用意是提醒我們，即使追求美麗，也不要打扮得太華麗；即使已經培養了知識，也不要偷懶懈怠，要持續追求。

「我想要變漂亮！」和「我喜歡打扮得美美的！」這種想法是很自然的事。但是，請留意一點，如果只在意外表，而疏忽了對內在智慧的培養，一個人原本的「美」會失去平衡。無論什麼事情，只要做得太過火，最後就會失去「格調」。

如果把全部心思都放在外在打扮上，卻不去用心累積知識和學習思考的話，即使漂亮也會顯得膚淺。伯里克里斯想提醒我們的重要觀念，就是「有格調」才是真正的「美」。所以為了維持自己的「格調」，我們不能只在意外表的美，也要培養身為一個人的內在美。

Q 我不知道自己的優點是什麼？

A 其實每個人都不了解自己。

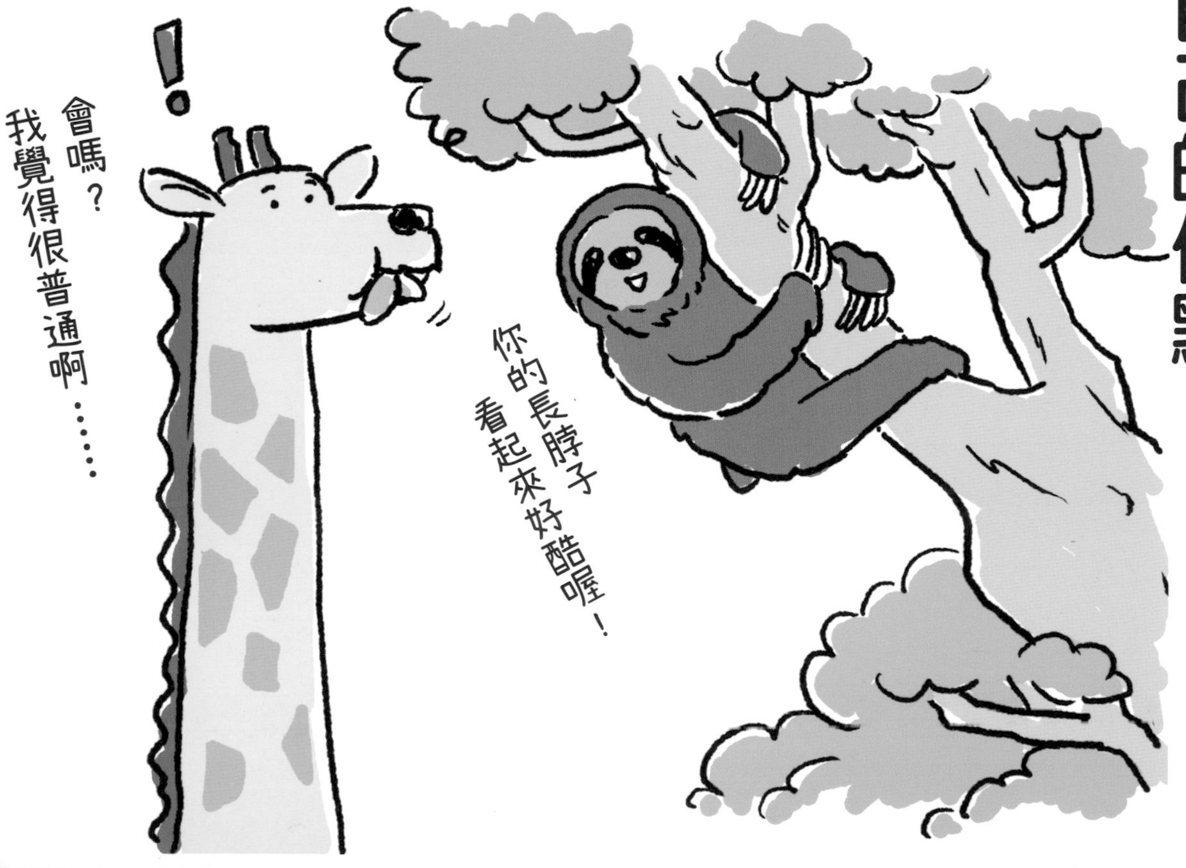
你的長脖子看起來好酷喔！
會嗎？我覺得很普通啊……

哲學家金句

列維納斯（西元1906～1995年）

「我們看不到自己的臉。」

一個人的優點，通常自己覺察不到。這是因為我們對自己的一舉一動都視為理所當然，如果沒有受到稱讚或誇獎，就不太知道自己什麼事做得好，當然也就不知道自己的優點是什麼。但是，如果只為了想要得到稱讚才去做某件事，這樣也不算是優點了。

法國哲學家列維納斯說：「我們看不到自己的臉。」因此，我們也看不到自己的優點。「我會不會被人討厭呢？」、「別人會怎麼樣看我呢？」雖然你可能會有這樣的擔心，害怕自己表現不夠好，請放心，你只是還沒有意識到自己的優點而已。

「自己的臉，別人看得最清楚；而別人的臉，我們看得最清楚。」列維納斯的話提醒我們，與其擔心別人怎麼看待自己，不如先找出別人的優點並且告訴對方，這樣你的人際關係會比現在更好喔！

Q

什麼是「自我風格」？

A

人其實並沒有所謂明確的「自我風格」。

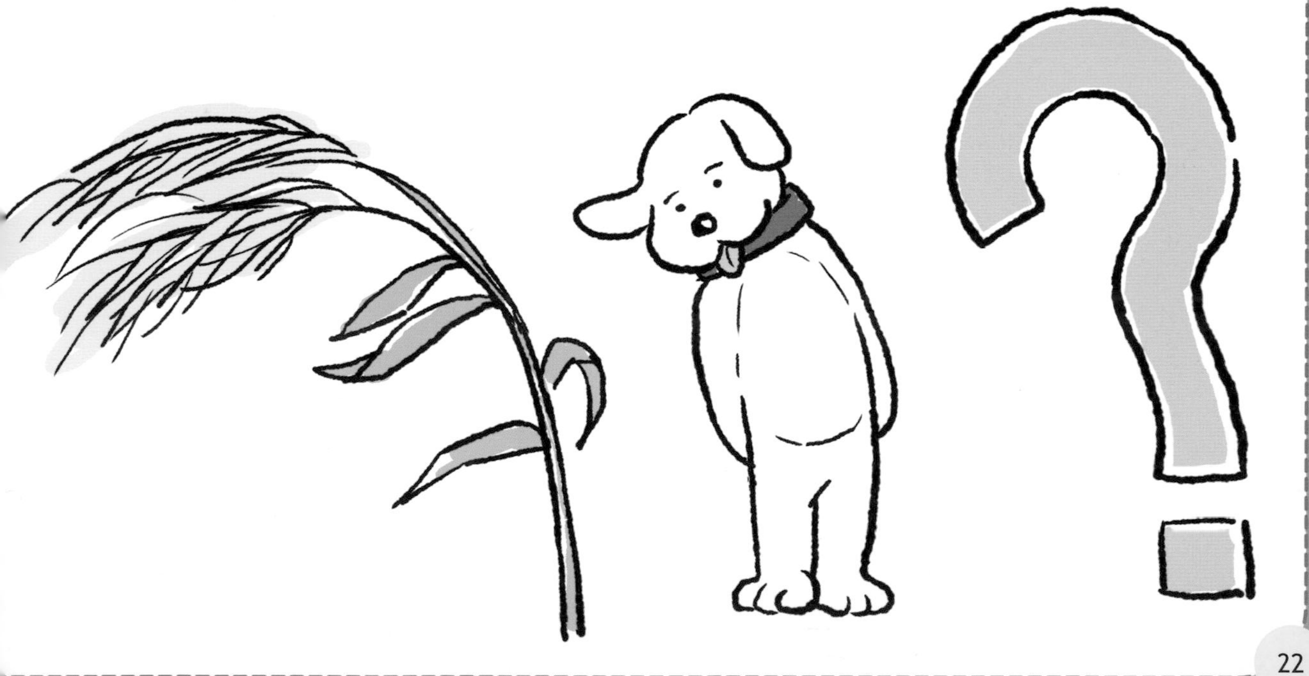

哲學家金句

巴斯卡（西元1623～1662年）

「人是一根會思考的蘆葦。」

蘆葦很像芒草，是一種生長在河岸或湖岸邊的禾本科植物。法國哲學家巴斯卡看到蘆葦隨風搖曳的樣子，覺得人就像蘆葦一樣無依無靠，於是留下了「人是一根會思考的蘆葦」這句名言。

隨著科技越來越發達，似乎也讓我們產生「人類萬能」的錯覺。然而，面對像「自我風格」這種和自己最密切相關的問題，我們卻遲遲找不到答案。

其實，大部分的人都會受情緒影響而改變言行，有時候表現得很溫和，有時候壓抑不住憤怒，甚至言行舉止還會因為團體或對象不同而改變。

比方說你在家人、朋友、心儀對象和老師面前表現出來的樣子都不盡相同，對吧？這是因為對象不同，你的心情也不一樣。

簡單來說，人會受到情緒影響而變動，而你所感受到的一切就是你的「自我風格」。

岩村老師的哲學講座①

人類的祖先「智人」存活下來的原因

人類的祖先叫做「智人」，是哺乳綱靈長目人科中唯一存活下來的人種。智人在20萬年前誕生，而30萬年前誕生的則是尼安德塔人。據說尼安德塔人的頭腦比較大，身體也很強壯，但存活下來的卻是智人。照道理說，在那個靠狩獵生活的時代，頭腦好又強壯的物種比較有可能存活，對吧？

據說智人有土葬的風俗習慣，考古發現智人留有幾乎完整的全副人骨，而且其中有很多是沒有牙齒的老人。從這一點來看，有人認為智人擁有一顆善良的心，會互相分享食物。說不定，20萬年前的智人就已經懂得體貼別人，會感受到幸福和快樂，也就是擁有了「觀念世界」的概念（➡P55）。

此外，聽說智人會使用的「詞彙」也比尼安德塔人還要複雜喔！

第2章

關於「朋友」的哲學名言

Q 我的朋友很少，怎麼辦？

A 朋友很多也不一定是好事喔！

哲學家金句

馬丁·布伯（西元1878～1965年）

「我與你。」

人與人之間的關係有很多種，友情是我們相當重視的關係，也是渴望擁有的情感。

馬丁·布伯在《我與你》這本著作裡，詳細解說了「自己」和「別人」的關係。他使用了「遇見」這個語詞，認為這個語詞裡蘊藏著和友情有關的啟示。

正確來說，「遇見」這個語詞有「碰面」（meet）和「相遇」（encounter）的意思，但是，這兩個詞彙的意思完全不同。在馬丁·布伯的書裡，他使用「我與你」（I and You）來表示「相遇」；卻用「我與它」（I and It）來表示「碰面」。

這話聽起來有點困難，但並不難了解。所謂的「我與你」才是朋友，而「我與它」則是與不熟的同學或點頭之交、見過面的人之間的關係。朋友的價值並非取決於人數的多寡，所以，請你不要煩惱朋友很少，而是要珍惜那些可以用「我與你」來形容的知心好友。

Q 為什麼我看到朋友和別人感情好會生氣？

A

嫉妒是一種獨占欲，你要當一個會為別人著想的人。

哲學家金句

尼布爾（西元1892～1971年）

「光明之子與黑暗之子。」

這一種生氣的情緒叫做「嫉妒」；換句話說，就是「獨占欲」，是一種只想著自己的好處，只想著自己想要得到的情緒。「嫉妒」會讓你感覺煩躁，明明一心一意只想著自己要什麼，卻不知道為什麼反而覺得很不愉快。

神學家尼布爾在他的著作《光明之子與黑暗之子》中把人類分成「光明之子」與「黑暗之子」。

在他看來，「光明之子」是在做事時把別人看得比自己重要的人；而「黑暗之子」則是只想著自己利益的人。「嫉妒」就是「黑暗之子」會有的情緒。到頭來，只想著自己利益的人往往會感到心情煩躁。

如果你不想因為嫉妒別人而生氣，就要改變心態，當個「光明之子」，主動幫助別人謀求利益，並且尊重他人的想法和意願，滿足於為彼此帶來好處的心情，自然就不會感到不愉快了。

Q

團體裡有人會排擠別人，怎麼辦？

A

要當一個理性而不敗給本能的人。

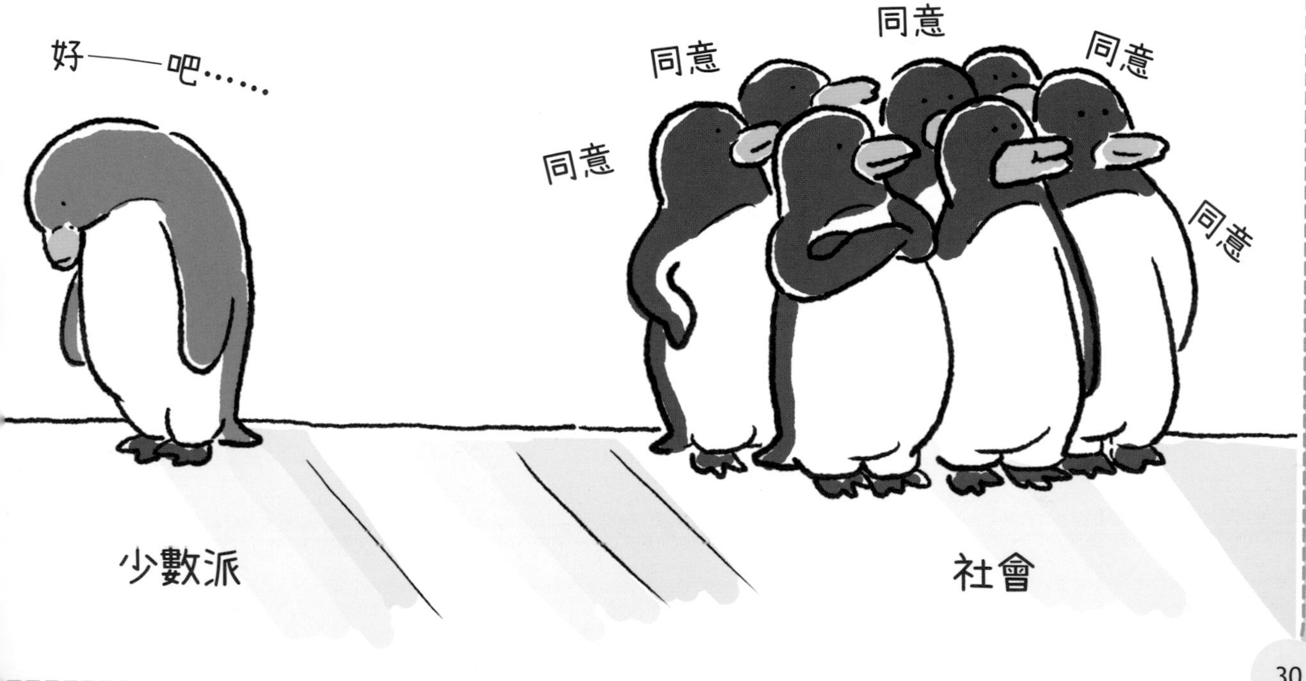

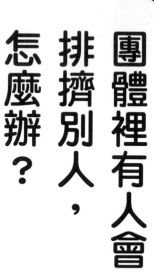

哲學家金句

亞里斯多德（西元前384～前322年）

「人是政治的動物。」

亞里斯多德說：「人是政治的動物。」在這裡，「政治」指的是「社會性」，簡單說就是「規矩」和「團體」的意思。

人是群居動物，換句話說，人是無法自己一個人生活的「社會性動物」。或許正因為這樣，所以人會基於本能排擠不遵守「社會」或「團體」規則的人。

學校當然也是團體的一種。在一個團體之中，因為受到「社會性動物」的本能影響，如果有人做出和別人不一樣的行為舉止，很可能就會遭到排擠。雖說「排除異己」是一種本能行動，但若放任這樣的本能去隨意排擠他人，肯定也是不對的。

亞里斯多德認為，人類具有能夠抑制本能的「理性」，因此，如果你的朋友在學校裡想要排擠某個同學，你就必須用「理性」來阻止他。我希望你不要敗給「本能」，當一個「理性」的人。

Q 我和朋友吵架了，怎麼辦？

A

想一想你和他的關係。

哲學家金句

馬丁．布伯（西元1878～1965年）

「人是關係的存在。」

在英文裡面「I'm sorry」是「對不起」的意思，由於「sorry」這個字有同情的意思，所以「I'm sorry」就是「我同情你」。明明自己才是那個應該道歉的人，卻「同情」對方，這或許讓你覺得不太對。

這裡的重點在於「同情」是能夠向對方表達同理心。一個人有沒有魅力，就看他能不能「同理」別人，為別人著想。哲學家馬丁．布伯說：「人是關係的存在。」他認為，親友之間的關係可以用「我與你」來形容。這是一種人與人之間密切的關係，有別於一般普通人，對方更是你珍惜且重視的人。你也不希望這樣的關係輕易破滅吧！

如果你拉不下臉向朋友道歉，就先想一想你和他之間的關係。只要你心裡有著一顆珍惜對方的心，無論對方是你重視的家人、兄弟姐妹還是朋友，簡單的一句「對不起」，就能夠修復你們之間的關係。

Q 喜歡上別人是怎麼一回事？

A 人擁有「尋找另一半」的原動力。

哲學家金句

柏拉圖（西元前427～前347年）

「人原本是『兩人一對』。」

要好好解釋「喜歡」這種情緒，感覺有一點點困難。

希臘哲學家柏拉圖在《會飲篇》裡寫了一個神話故事，故事內容和「喜歡上別人」這種心情的起源有關。

故事裡說，人本來是一種「雌雄同體」的種族，兩個人背對背時，外形合為一體。由於這個種族擁有強大力量，又太傲慢，讓神很傷腦筋，所以神把所有人類一分為二，藉此削弱他們的力量。

也就是說，人類原本是兩人一對。有些人認為被一分為二的人類都在尋找原本的「另一半」。此外，希臘語中的「愛」有「eros」、「philia」和「agape」三種說法，「eros」是戀愛，「philia」是朋友之愛，是一種希望對方幸福的心情，而「agape」則是不計利益得失的無償愛情。

喜歡一個人的心情，真的很深奧呢！

岩村老師的哲學講座②

所有事物的原因，都是肉眼看不見的

看到池塘的水面在晃動，就知道有一陣風吹過，對吧？像這樣，這個世界上有許多事物形成的原因，都是肉眼看不見的，但這並不是每個人都能理解的事。「吹起一陣風，水面就會晃動」是理所當然的事，而思考這種理所當然的事情，透過觀察水面而察覺到風的存在就是哲學。

我們也可以說：「世界圍繞著看不見的事物轉動。」因此，我希望你能思考各種事情，想像許多看不見的事物。

總有一天，你會找到屬於自己的生存之道。我希望你去尋找只有你才辦得到的事，讓你的未來不要只是做任何人都會做的事，而是要活出只屬於你的人生。

有句話說：「經過踩踏的葡萄才能釀成美味的酒。」若你多多增廣見聞並且時時思考，就能夠成為一個擁有人性和魅力的人。懂得思考「看不見的事物」的孩子，將會成為成熟的大人。

第3章

關於「善惡」的哲學名言

Q 我們為什麼要遵守規矩？

A

要和別人一起生活，就必須守規矩。

哲學家金句

霍布斯（西元1588～1679年）

「在自然狀態下，會出現『萬人對萬人的戰爭』。」

人類是群居的社會性動物，群居生活需要建立規矩。簡單的說，如果想要和自己以外的人一起生活，我們就必須遵守規矩。假如世界上只有你一個人，那就不需要規矩了。

有名的政治哲學家霍布斯曾說：「在自然狀態下，會出現『萬人對萬人的戰爭』。」他所主張的「自然狀態」是指沒有規矩的無法地帶，人們在此會互相爭奪財富和權力，就像是「狼群撕咬」一樣爭鬥。因此，為了不讓人類互相爭鬥，我們需要訂下規矩，進行絕對的權力統治。

不過，規矩也不一定要死板遵守。因為守規矩是為了和別人共同生活，視情況所需而存在的。當不同的人聚集在一起，或情況已有所變化，有些規矩就不適用了。這時，不要逼迫別人一定要守規矩。能夠先想一想「和這些人共處，真的需要這個規矩嗎？」這樣的思考也很重要喔！

Q

我可以在沒人看到的時候做壞事嗎？

A

但是你自己看到了。做壞事會讓你的心受傷喔！

哲學家金句

蘇格拉底（西元前470年前後～前399年）

「不只要活，還要善良的活。」

所謂的「德」，對於人類的幸福來說，是很重要的。「德」就是「道德」的「德」，但這樣說不太好懂，對吧？

說得簡單一點，「德」就是做好事。假如要做好事，就必須學會分辨什麼是善、什麼是惡。而分辨善惡的能力，關鍵在於要培養智慧（知識），人有了足夠的智慧，就可以做出善的選擇。

也就是說，有智慧才有「德」，智慧和德是同一種東西——蘇格拉底把這個概念取名叫「智德合一」，並且以此來教導自己的學生。

蘇格拉底還說：「不只要活，還要善良的活。」如果有人認為只要沒有人看到就可以做壞事，那樣不只活得不善良，還會在不知不覺中傷害自己的心靈，實在太悲哀了。

你的一舉一動都是出自於自己的選擇，怎麼也逃不過自己的眼睛。所以，即使別人沒有看見，但是你自己卻始終看得一清二楚喔！

Q

為什麼霸凌不會消失呢？

A

會霸凌別人的人內心很脆弱。

哲學家金句

佛洛姆（西元1900～1980年）

「依賴他人的脆弱心靈。」

表面上，「霸凌」的行為好像只是其中一方被欺負，而欺負人的那一方洋洋得意。

但其實和「被霸凌的人」比起來，霸凌者在他往後的人生會變得更難過，因為當霸凌者失去可以欺負或操控的對象時，他將會同時失去自己在這個社會上的歸屬，最終就連自己的心也不得安寧。

霸凌是心靈脆弱的人才會做的事。社會倫理學家佛洛姆認為霸凌的真面目是「依賴他人的脆弱心靈」。如果內心脆弱，就會想要跟隨具有領導力的人，希望跟在強者身邊好掩飾自己的脆弱。當這樣的人逐漸增加，並且形成小團體，那些一開始只是想跟隨領袖強者的人，為了不成為「弱者」，就會開始攻擊比自己更弱小的人，這就是霸凌的真相。

由於霸凌他人而造成自己的人生變得如此灰暗，這樣的人真是悲慘又可憐！

Q 看到有人做壞事，要制止他嗎？

A

讓對方明白他所做的事是壞事，這是很重要的喔！

哲學家金句

渡邊淳一（西元1933～2014年）

「鈍感力。」

如果你看到有人在做壞事，還是要制止他比較好，然而比「制止」更重要的事，是要提醒他那件事是壞事。面對一個沒有察覺自己在做壞事的人，我們必須告訴他那是壞事。

舉例來說，假設你在無意之中踏進了公園裡的禁止進入區域，結果被不分青紅皂白的罵了一頓，心情一定很糟糕，但是如果對方並沒有提醒你錯在哪兒，你就不知道自己為什麼挨罵，下次可能還會再犯同樣的錯誤。

此外，如果你要制止別人，就要做好「會惹對方討厭」的心理準備，因為對方有可能會因此惱羞成怒或懷恨在心。

曾經是骨科醫師的小說家渡邊淳一曾寫過一本名叫《鈍感力》的著作，他所說的「鈍感力」意思是人必須具備「保持遲鈍」的能力。即使會惹人討厭，你也要發揮「鈍感力」，清楚告訴對方：「不對就是不對。」這樣才是真的為對方好。

我們活在「兩種時間」裡

你是否曾經和朋友玩得很入迷，結果發現時間咻的一下子就過去了呢？相反的，當你在學校上課，而且正好還是你害怕的科目時，會不會覺得：「都過了這麼久，怎麼時間才過了這麼一點點啊？」會有這樣的感覺，是因為我們生活在「兩種時間」裡。

第一種時間叫做「柯羅諾斯時間」，意思是「時鐘的時間」，每個人的時間都一分一秒平等的刻在上面。這是文明發達以後，人們為了維持社會秩序而制定的。

另一種時間叫做「凱洛斯時間」，是「體感時間」。每個人的體感時間都不一樣，埋頭做喜歡的事情時會覺得時間過得很快；要是心不甘情不願的做著討厭的事，就會覺得時間好漫長。

哲學家奧古斯丁說：「短暫的充實時光會留下美好回憶，漫長的墮落時光留不下什麼回憶。」充實的時光即使很短暫，也會成為珍貴的回憶，而虛度的光陰終將遺忘。既然活在這世上，當然要把人生過得很充實嘍！

第4章

關於「生活」的哲學名言

Q 為什麼一定要學習呢？

A

因為學習可以讓你將來的人生有更多選項。

哲學家金句

法蘭西斯．培根（西元1561～1626年）

「知識就是力量。」

英國最有名的哲學家法蘭西斯．培根曾經說：「知識就是力量。」意思就是你所學到的知識都將會變成你的力量，當這股力量越來越強大，你的人生選項就越多，這會在你長大之後派上用場。

在電玩遊戲裡，往往也是擁有更多武器和招式的人比較厲害，對吧？

現實世界中也一樣，當你的知識越多，人生中可以做的選擇就越多，也可以自由選擇自己想要的生活方式。

培根認為，如果要培養正確的知識，親身去體驗很重要。學習不只是坐在書桌前讀書，去外面的世界增廣見聞、親身體驗也是一種很重要的學習，這就是「經驗論」。

一個懂得很多事情的人，我們會覺得他很有趣，雖然不知道你現在學習的東西會不會派上用場，但希望你一定要吸收很多知識，當一個大有可為的人。

Q 我可以放棄不擅長的事情嗎？

A 可以的話，請先努力堅持一陣子看看吧！

哲學家金句

斯賓諾莎（西元1632～1677年）

「人類是情緒的生物。」

有一句成語叫「半途而廢」，意思是做到一半就放棄，這是很可惜的。還有一句成語叫「急流湧退」，意思是發現河流湍急過不去，只好退回河岸，這是審明時勢的智慧。

由此可見，輕易放棄一件不擅長的事情是不好的。請直到你確定自己真的做不到以後，再考慮放棄。既然有你不擅長的事情，就表示也有你擅長的事。任何事情如果不去嘗試，就不知道能不能做到。隨隨便便輕易放棄，未免太可惜了。

人類有著無法用邏輯說明的「本能」，知名的荷蘭哲學家斯賓諾莎曾說：「人類是情緒的生物。」他還主張去思考「自己有什麼樣的職責」是一件幸福的事。

但最好不要只用頭腦思考，也要重視「開心」和「愉快」的情緒感受。當你找到一件讓自己感到開心、愉快的事物，就要相信自己的本能努力去做，永不放棄。

Q 為什麼大人總要我多看書呢？

A

想要了解未知的事物，就必須一邊看書、一邊思考。

哲學家金句

法蘭西斯・培根（西元1561～1626年）

「破除偶像。」

要查詢不了解的事物時，網路是個很方便的工具，對吧？那麼，想知道一件事的時候，上網搜尋和閱讀書籍的差別是什麼呢？

以下我要說的可能你會覺得有點難懂，不過，網路能查到的東西是「資訊」，書本裡的東西則是「知識」。

「資訊」必須要派得上用場才有意義，例如你人正在臺灣，想要知道明天天氣如何，這時候美國的天氣預報對你來說就沒有用處，這就是「資訊」。另一方面，若你閱讀書本裡介紹的美國氣候，這就會成為「知識」。

大人之所以要你多看書，就是希望你能多累積知識。

法蘭西斯・培根認為有個東西會妨礙你吸收知識，他稱之為「偶像」，也可以說是幻象或假象，意思是指先入為主的偏見。這種偏見會扭曲寶貴的知識，所以你要注意自己是不是帶著偏見看待事物。

Q 有人反對我的夢想，怎麼辦？

A 你要找到比「目的」更遠大的「目標」，一點一點的朝夢想前進。

哲學家金句

柏拉圖（西元前427～前347年）

「觀念世界。」

如果只是遭到反對就輕易放棄，那就不算是夢想了。你要想一想，那個夢想究竟是「目標」還是「目的」。

舉例來說，假設你的夢想是「考上一間有名的大學」，若你從來沒有想過考上之後要做什麼，那麼，「考上大學」對你來說，就只是一個「目的」。我希望你能找到比「目的」更遠大的「目標」。如果你有強大的「目標」，就算有人反對，你的心也不會因此就動搖。

柏拉圖說，完美而純粹的事物只存在「觀念世界」裡，而現在我們這個世界的一切事物都是扭曲的。這裡的「觀念世界」可以代換成「夢想」或「理想」。雖然要達成百分之百完美的夢想很困難，但能朝夢想前進很重要。如果你的夢想是成為職業足球選手，你就要持續踢足球，並且參加比賽來追逐夢想。朝著夢想前進，將會在未來的人生中成為你的力量。

Q 活著有意義嗎？

A

活著的意義
要靠你自己
去尋找。

哲學家金句

沙特（西元1905～1980年）

「人被處以自由之刑。」

「生命」是父母給予的，但活著的意義要靠自己去探求，而不是別人能給的。

法國的哲學家沙特曾經說過：「存在先於本質。」他想要強調「存在」是指「活著」，而「本質」是指「意義」。也就是說，你「活著」這件事比「活著的意義」重要。

在此同時，沙特也說：「人被處以自由之刑。」意思是說，你雖然擁有自由意志，但你所擁有的自由並不代表你只會遇到愉快的事。事實上，「自由」身邊經常伴隨著「責任」和「不安」。沙特之所以用「處刑」這麼可怕的字眼來形容，意味著「責任」和「不安」對人來說，就像是一種刑罰。

「自由」雖然很辛苦，但是你若能夠讓它超越辛苦，就會變得更快樂、更充實。別人所賦予的「生存意義」是假的，希望你能夠抱著強韌的意志來決定自己要怎麼活下去。

Q 什麼是幸福呢？

A

幸福就是按照自己的想法採取行動。

哲學家金句

新渡戶稻造（西元1862～1933年）

「人生的目的在於人格的完成。」

雖然每個人所感覺到「幸福」的時刻都不一樣，但感受到「幸福」的人往往有一個共通點，那就是「認同感到幸福的自己」。

你可能會覺得「這麼說不是廢話嗎？」但其實這一點非常重要喔！「認同幸福的自己」這個概念，用哲學用語來說，就叫做「自我肯定感」。一個人的「自我肯定感」如果很低，那麼，他不管做什麼都會覺得自己沒有價值，抱持著消極的想法生活，這樣的人，永遠無法獲得幸福。令人難過的是，在現代社會中，像這種「自我肯定感」很低落的人，實在是多如牛毛。

日本教育家新渡戶稻造寫過一本名叫《武士道》的書，他在書裡提到：「人生的目的在於人格的完成。」意思是說，如果一個人的人生有明確的目標，這個人往往會很幸福。為了達成人生目的，你要抱持著明確的意志，不斷的思考方向並且採取行動。

岩村老師的哲學講座④

愛就是「接受一個人的心」

俗話說：「一個人被怎麼對待，就會怎麼對待別人。」要是被學長姐或父母用暴力對待，等到自己成為別人的學長姐或父母時，恐怕也會對他人使用暴力，這稱為「惡性循環」。

當別人對你很壞，你會不會想要報仇呢？人就是會在無意識中對別人以牙還牙，但是這樣惡性循環就不會停止。所以，即使別人對你做了壞事，還是希望你保持理性不報復，才能切斷惡性循環。

除此之外，當別人對你好，你也要對別人好。人有了被愛的經驗之後，就能夠愛別人喔！

有句話說：「自己所愛之人的價值，將會成為自己的價值。」如果你愛上不中用的人，自己也會變得不中用；若你愛上有魅力的人，自己也會充滿魅力。以上說的內容對你來說或許有點太早了，但你總有一天會懂。

第5章

關於「生命」的哲學名言

Q 心在哪裡呢？

A

身體和心是分開的，這個概念叫做「心物二元論」。

哲學家金句

笛卡兒（西元1596～1650年）

「我思故我在。」

你會不會很好奇，人類的心、理性還有情感，到底在哪裡呢？

關於這個問題，亞里斯多德說「心靈在胸口（心臟）」，而我們緊張時，心臟確實也會怦怦跳動。希波克拉底則說「心在大腦」，因為人類是用大腦感受喜悅和悲傷。另一方面，「近代哲學之父」笛卡兒則認為，人的身體和心靈是分開存在的。他說，身體和心靈會透過位於大腦中央的小器官「松果體」交互作用，而松果體就是「靈魂的所在之處」。

笛卡兒還進一步提出質疑，他思索：「這個世界上的萬物，真的存在嗎？」他不斷深入探問，最後察覺到有一個東西是確實存在的，那就是人懂得對於一切保持懷疑的「自己的意識」，也就是「心」，因此，笛卡兒才會說出「我思故我在」這樣一句名言，意思是——我思考的時候，我就存在。

Q

花草樹木
也有心嗎？

A

你覺得呢？

哲學家金句

亞里斯多德（西元前384～前322年）

「萬物有神、天使、人、動物、礦物之分。」

植物也有生命，但是它們沒有神經系統，所以應該沒有痛覺。即使把樹枝折斷，樹不會流血，大概也不會覺得痛，可是折斷的樹枝最後卻會枯萎而死。

有「動物學始祖」之稱的哲學家亞里斯多德，他把世間萬物區分成神、天使、人、動物和礦物，並沒有列出植物這個類別。另外，很多哲學家也都認為植物雖有生命但是沒有心，不過負責修建法隆寺的日本工匠西岡常一卻反而說：「如果不和樹木說話，就無法成為真正的工匠。」

曾經有過這樣一個實驗，在實驗中準備了兩棵相同品種的植物作為對照，實驗者對第一棵植物說溫柔而正面的話，對第二棵植物說灰暗而負面的話；最後實驗的結果，第一棵植物成長得生意盎然，第二棵植物則是完全失去了生氣。

那麼，你覺得植物有沒有心呢？

Q 我好怕自己會死掉，怎麼辦？

A 懂得思考「死亡」，活著才有意義。

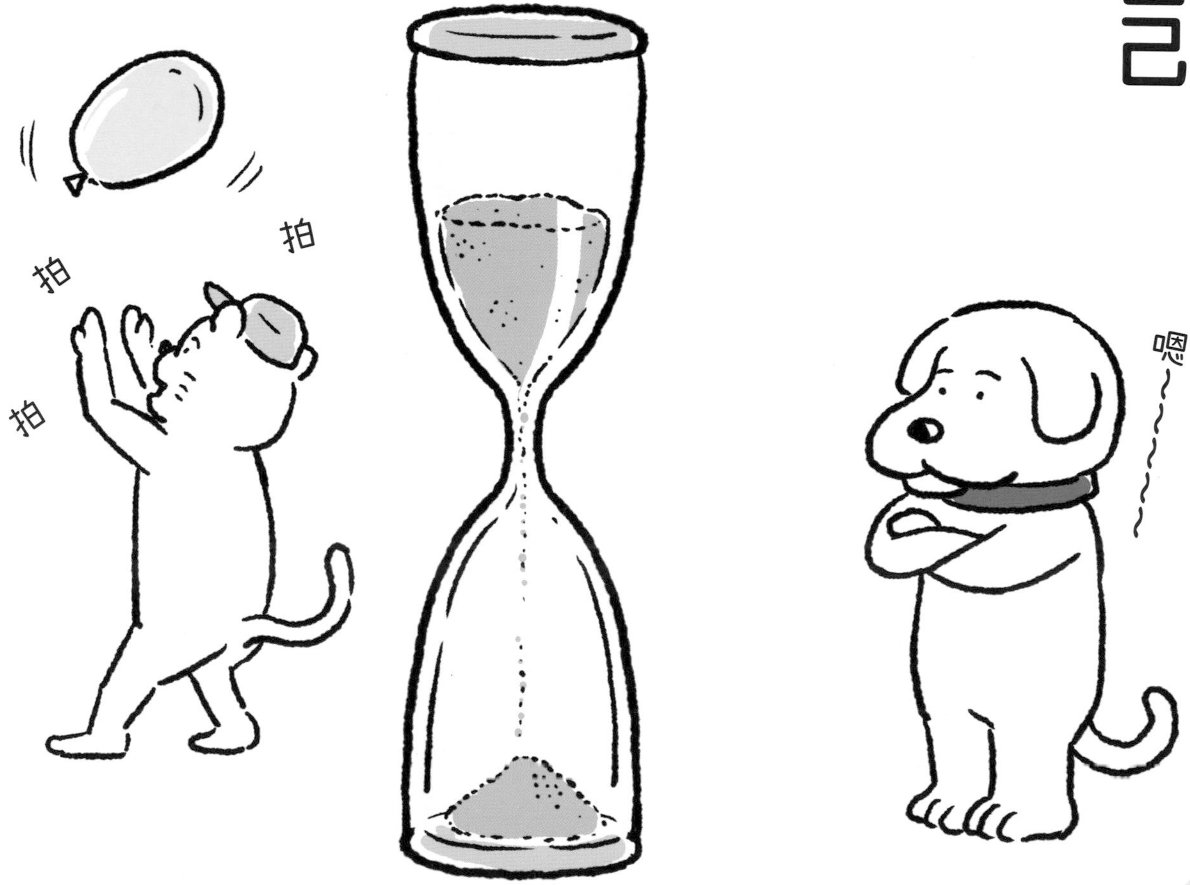

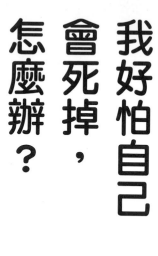

哲學家金句

海德格（西元1889～1976年）

「人是對剩下的時間有所自覺之『向死的存在』。」

海德格是二十世紀最重要的哲學家之一，他曾說：「人是對剩下的時間有所自覺之『向死的存在』。」如果換成是動物或植物，一定不會去想自己有一天會死，只有人類才會思考與自己有關的未來，也才會在意終有一天將會來臨的「死亡」。

應該很多人不願意去面對這件事，很害怕去想「我總有一天會死！」或是「死亡什麼時候會來臨？」其實不管任何人，都會有迎來死亡的一天。海德格認為，當一個人願意面對死亡，就表示他懂得自己活著的意義和使命，能夠下定決心朝著目標前進。

人無法靠自己的意志出生，當你察覺的時候，你就已經出生了，這在哲學上稱為「被拋棄的存在」。意識到即將造訪的死亡，下定決心為自己的使命而活，這就是人類了不起的地方。因為生命有限，所以才偉大，對吧？

Q 人死掉之後會怎麼樣？

A

這是人類
永遠解不開的謎團，
關於這個問題的解答，
有著各種不同的看法。

哲學家金句

柏拉圖（西元前427～前347年）

「靈魂不死。」

人只有一條命，一旦失去生命就無法復活了。所以，不管是想要知道「失去生命之後，靈魂和精神會留下來嗎？」或是想探索「生命和靈魂是不同的東西嗎？」這些都是人類永遠無法解開的謎團。

從古至今，人們為了克服對於死亡的恐懼感，歸納出各種看法。

其中一個看法是人死了之後，這個人擁有的所有一切都會消滅，化為「無」，連靈魂和心……所有一切都會消失。

第二個看法是輪迴轉世，這種說法主張死去的人的靈魂會從「這個世界」前往「另一個世界」，最後輪迴轉世，再重新回到「這個世界」來。

第三個看法則是如柏拉圖所說的「靈魂不死」。柏拉圖認為人在肉體死去後，靈魂仍然存在，而生前行善的人會前往天國，生前為惡的人則要墜入地獄。

Q

人為什麼會殺人呢？

A

失去「保存物種本能」的人會殺人。

哲學家金句

勞倫茲（西元1903～1989年）

「失去『保存物種本能』的動物。」

許多雄性動物會為了搶地盤、求偶或爭奪權力而打起架來，一直戰到其中一方認輸或逃走才會結束。

然而通常只要其中一方認輸，打贏的那一方就會停止攻擊，不會連對方的生命也奪走，例如：得到最後勝利的猴王就不會殺死打輸的猴子。動物行為學家勞倫茲把這種現象稱之為「攻擊行為的儀式化」。

勞倫茲認為，動物原本都會有「保存物種的本能」，用以防止種族削弱滅絕，然而人類卻似乎失去了這個本能。只有人類才會殺死自己的同類。

勞倫茲還主張，只要人類還繼續具有攻擊性和優越感，戰爭就不會消失。人類明明擁有能夠靠理性克制本能和情緒的能力，這是人類才獨有的能力，如果我們空有能力卻沒能好好善用，是不是很悲哀呢？

作者 **岩村太郎**

1955年生於日本東京都大森市。慶應義塾大學文學院哲學系畢業，修畢同校碩士課程，博士課程期滿；英國愛丁堡大學研究所神學系碩士。現任惠泉女學園大學教授與副校長。專攻哲學與基督教倫理學，為了培養學生的抽象思考能力而為他們上哲學課。著有《聰明的惡魔：逆向思考的基督教入門》、研究論文《杉原千畝與俄羅斯正教》（以上書名暫譯）。

翻譯 **伊之文**

翻譯生涯邁入第12年，希望能隨時間和年紀逐漸累積翻譯經驗與實力；興趣是翻譯、閱讀、文學和推理。譯作有《12歲之前一定要學：① 表達技巧&溝通能力》、《12歲之前一定要學：② 珍惜自己&人際關係》、《12歲之前一定要學：③ 整理收納&良好習慣》、《12歲之前一定要學：④ 訂定計畫&時間管理》（小熊出版）；以及《完全解謎！放大郎的生活科學》（三采）、《思考實驗室》（晨星）、《微小習慣力》（楓書坊）等。

國家圖書館出版品預行編目（CIP）資料

10 歲開始自己讀哲學名言：課本之外的 26 個人生思考題 / 岩村太郎作 ; 伊之文翻譯 . -- 初版 . -- 新北市 : 小熊出版 : 遠足文化事業股份有限公司發行 , 2022.10 ; 72 面 ; 21 x 19 公分 . -- (廣泛閱讀)
譯自：10 歳の君に贈る、心を強くする 26 の言葉　哲学者から学ぶ生きるヒント

ISBN 978-626-7140-85-7（平裝）
1.CST: 修身　2.CST: 人生哲學　3.CST: 兒童教育

192.11　　111014131

廣泛閱讀

10歲開始自己讀哲學名言：課本之外的26個人生思考題

作者／岩村太郎　翻譯／伊之文

總編輯：鄭如瑤｜主編：施穎芳｜協力編輯：游嘉惠
美術編輯：黃淑雅｜行銷副理：塗幸儀｜行銷助理：龔乙桐
出版與發行：小熊出版・遠足文化事業股份有限公司
地址：231新北市新店區民權路108-3號6樓
電話：02-22181417｜傳真：02-86672166
劃撥帳號：19504465｜戶名：遠足文化事業股份有限公司
Facebook：小熊出版｜E-mail：littlebear@bookrep.com.tw

讀書共和國出版集團
社長：郭重興｜發行人兼出版總監：曾大福
業務平臺總經理：李雪麗｜業務平臺副總經理：李復民
實體通路暨直營網路書店組：林詩富、陳志峰、郭文弘、賴佩瑜、王文賓
海外暨博客來組：張鑫峰、林裴瑤、范光杰｜特販組：陳綺瑩、郭文龍
印務部：江域平、黃禮賢、李孟儒
讀書共和國出版集團網路書店：http://www.bookrep.com.tw
客服專線：0800-221029｜客服信箱：service@bookrep.com.tw
團體訂購請洽業務部：02-22181417 分機1124
法律顧問：華洋法律事務所／蘇文生律師｜印製：凱林彩印股份有限公司
初版一刷：2022年10月｜定價：350元
ISBN：978-626-7140-85-7 (紙本書)
9786267140871 (EPUB)
9786267140864 (PDF)
書號：0BWR0058

小熊出版官方網頁　小熊出版讀者回函